DUMAS
- Les Trois Mousquetaires

ÉNARD
- Parlez-leur de batailles, de rois et d'éléphants

FERRARI
- Le Sermon sur la chute de Rome

FLAUBERT
- Madame Bovary

FRANK
- Journal d'Anne Frank

FRED VARGAS
- Pars vite et reviens tard

GARY
- La Vie devant soi

GAUDÉ
- La Mort du roi Tsongor
- Le Soleil des Scorta

GAUTIER
- La Morte amoureuse
- Le Capitaine Fracasse

GAVALDA
- 35 kilos d'espoir

GIDE
- Les Faux-Monnayeurs

GIONO
- Le Grand Troupeau
- Le Hussard sur le toit

GIRAUDOUX
- La guerre de Troie n'aura pas lieu

GOLDING
- Sa Majesté des Mouches

GRIMBERT
- Un secret

HEMINGWAY
- Le Vieil Homme et la Mer

HESSEL
- Indignez-vous !

HOMÈRE
- L'Odyssée

HUGO
- Le Dernier Jour d'un condamné
- Les Misérables
- Notre-Dame de Paris

HUXLEY
- Le Meilleur des mondes

IONESCO
- Rhinocéros
- La Cantatrice chauve

JARY
- Ubu roi

JENNI
- L'Art français de la guerre

JOFFO
- Un sac de billes

KAFKA
- La Métamorphose

KEROUAC
- Sur la route

KESSEL
- Le Lion

LARSSON
- Millenium I. Les hommes qui n'aimaient pas les femmes

LE CLÉZIO
- Mondo

LEVI
- Si c'est un homme

LEVY
- Et si c'était vrai…

MAALOUF
- Léon l'Africain

MALRAUX
• La Condition
  humaine

MARIVAUX
• La Double
  Inconstance
• Le Jeu de l'amour
  et du hasard

MARTINEZ
• Du domaine
  des murmures

MAUPASSANT
• Boule de suif
• Le Horla
• Une vie

MAURIAC
• Le Nœud
  de vipères

MAURIAC
• Le Sagouin

MÉRIMÉE
• Tamango
• Colomba

MERLE
• La mort est
  mon métier

MOLIÈRE
• Le Misanthrope
• L'Avare
• Le Bourgeois
  gentilhomme

MONTAIGNE
• Essais

MORPURGO
• Le Roi Arthur

MUSSET
• Lorenzaccio

MUSSO
• Que serais-je
  sans toi ?

NOTHOMB
• Stupeur et
  Tremblements

ORWELL
• La Ferme
  des animaux
• 1984

PAGNOL
• La Gloire de
  mon père

PANCOL
• Les Yeux jaunes
  des crocodiles

PASCAL
• Pensées

PENNAC
• Au bonheur
  des ogres

POE
• La Chute de la
  maison Usher

PROUST
• Du côté de
  chez Swann

QUENEAU
• Zazie dans
  le métro

QUIGNARD
• Tous les matins
  du monde

RABELAIS
• Gargantua

RACINE
• Andromaque
• Britannicus
• Phèdre

ROUSSEAU
• Confessions

ROSTAND
• Cyrano de
  Bergerac

ROWLING
• Harry Potter à
  l'école des sor-
  ciers

SAINT-EXUPÉRY
• Le Petit Prince
• Vol de nuit

SARTRE
• Huis clos
• La Nausée
• Les Mouches

SCHLINK
• Le Liseur

SCHMITT
- La Part de l'autre
- Oscar et la
  Dame rose

SEPULVEDA
- Le Vieux qui
  lisait des romans
  d'amour

SHAKESPEARE
- Roméo et Juliette

SIMENON
- Le Chien jaune

STEEMAN
- L'Assassin
  habite au 21

STEINBECK
- Des souris et
  des hommes

STENDHAL
- Le Rouge et
  le Noir

STEVENSON
- L'Île au trésor

SÜSKIND
- Le Parfum

TOLSTOÏ
- Anna Karénine

TOURNIER
- Vendredi ou
  la Vie sauvage

TOUSSAINT
- Fuir

UHLMAN
- L'Ami retrouvé

VERNE
- Le Tour
  du monde
  en 80 jours
- Vingt mille
  lieues sous
  les mers
- Voyage au
  centre de
  la terre

VIAN
- L'Écume des jours

VOLTAIRE
- Candide

WELLS
- La Guerre des
  mondes

YOURCENAR
- Mémoires
  d'Hadrien

ZOLA
- Au bonheur
  des dames
- L'Assommoir
- Germinal

ZWEIG
- Le Joueur
  d'échecs

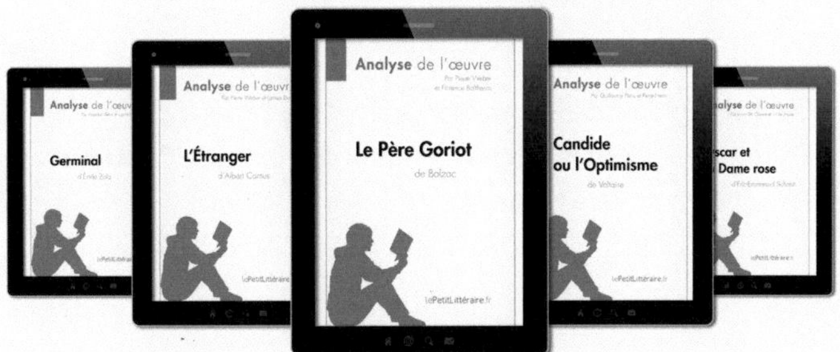

ISBN version numérique : 978-2-8062-1990-9
ISBN version papier : 978-2-8062-1135-4
Dépôt légal : D/2013/12603/276

Avec la collaboration de Erika de Gouveia pour la biographie de Pierre Corneille ainsi que pour les chapitres « Genèse de l'œuvre » et « L'idéal héroïque, un dilemme cornélien ».

Conception numérique : Primento,
le partenaire numérique des éditeurs.

Ce titre a été réalisé avec le soutien de la Fédération Wallonie-Bruxelles, Service général des Lettres et du Livre.

Komm, wir fliegen eine Runde!

Beatrix und Gero Dargel

Bibliografische Information der Deutschen Nationalbibliothek: Die Deutsche Nationalbibliothek verzeichnet diese Publikation in der Deutschen Nationalbibliografie; detaillierte bibliografische Daten sind im Internet über dnb.dnb.de abrufbar.

© 2024 Beatrix und Gero Dargel, gruen-design.de

Herstellung und Verlag: BoD – Books on Demand, Norderstedt

ISBN 978 3-7583-6877-6

ratteldifatz heißt unser Flugzeug. Das ist ein Ultraleicht-flugzeug. Das bedeutet, dass es besonders leicht ist. Es ist aus ganz dünnem Blech gebaut und wiegt nicht einmal die Hälfte von einem kleinen Auto. Und weil es so leicht ist, passen nur zwei Mitflieger hinein. Und es darf nur bei schönem Wetter fliegen.

Die ganze Woche über steht es in einem Hangar auf dem Flugplatz und wartet auf schönes Wetter. Heute scheint die Sonne und nur wenige weiße Wölkchen sind am blauen Himmel zu sehen. Der Wind ist mild und gleichmäßig. Heute können wir eine Runde fliegen!

24. Feb 13:50
GAFOR Deutschland vom 24.02.2024, 11:01 UTC
12:00 - 14:00 UTC
14:00 - 16:00 UTC
HELIX
raffeldpfalz

Aber erst muss trotzdem der Wetterbericht angeschaut werden. Damit wir wissen, ob auch heute Nachmittag noch schönes Flugwetter sein wird, wie der Wind weht und in welcher Höhe die Wolken sind. Und ob vielleicht später noch dicke Regenwolken vorbeiziehen werden.

Das ist eine Wetterkarte, die die Piloten „GAFOR" nennen. Sie zeigt uns, wie das Wetter in den nächsten Stunden werden wird. Dort liegt unser Flugplatz. Und rundherum sind die Farbfelder grün. Das bedeutet: Wir können fliegen!

Zuerst einmal müssen wir „ratteldifatz" aus dem Hangar ziehen. Ein Hangar ist so etwas wie eine große Fliegergarage. Das ist ganz schön anstrengend. Allein hätte ich das nicht geschafft. Und dann müssen wir noch die Scheibenplane herunterrollen. Da kann ich ordentlich mithelfen.

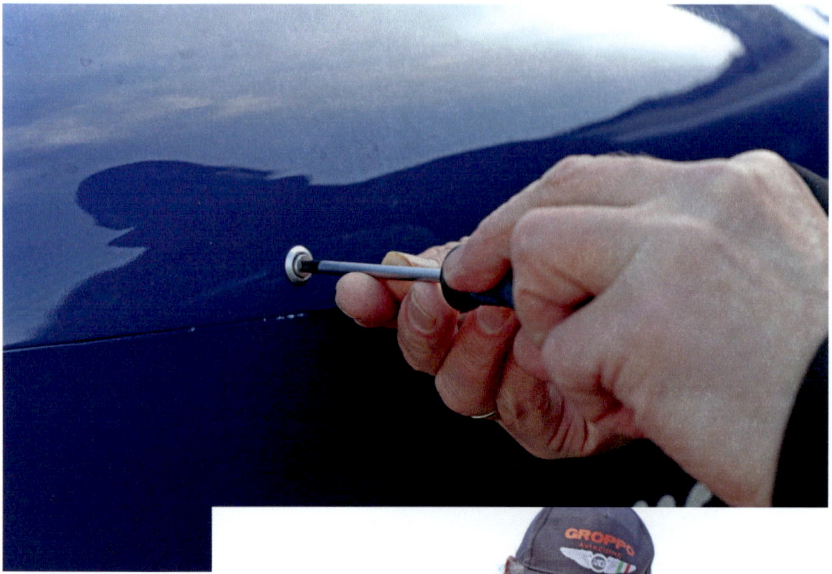

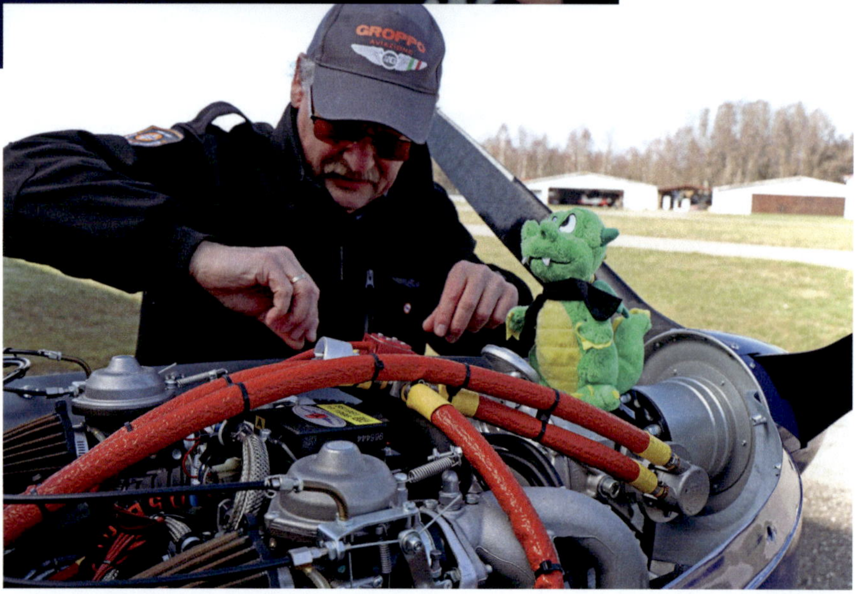
GROPPO

HELIX
ratteldif

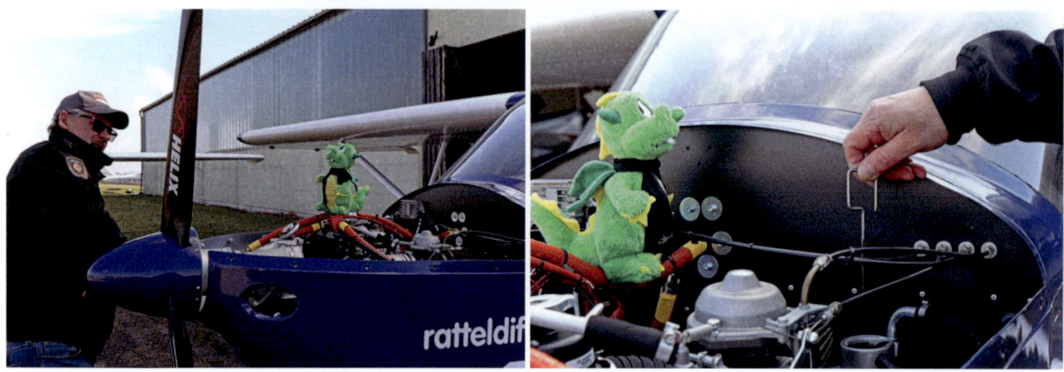

Auch am Propeller sind noch Schutztaschen abzumachen. Und dann schauen wir uns gemeinsam den Motorraum an. Manche Flugzeuge haben dafür eine kleine Klappe. Aber an unserem Flugzeug schrauben wir die ganze Motorhaube ab. Dazu müssen die Schrauben nur ein kleines bisschen gedreht werden, das geht blitzschnell. Jetzt sehen wir den ganzen Motor, alle Schrauben, Kabel und Schläuche.

Wir müssen prüfen, dass keine Schraube locker ist, kein Teil darf wackeln oder klappern. Nirgendwo darf eine Wasserpfütze oder ein Ölklecks sein. Und dann muss der Propeller noch durchgedreht werden. Zwanzig oder dreißig mal. Wenn es im Motor geblubbert hat, können wir den Ölbehälter prüfen. Unser Motor hat genug Öl, es kann los gehen.

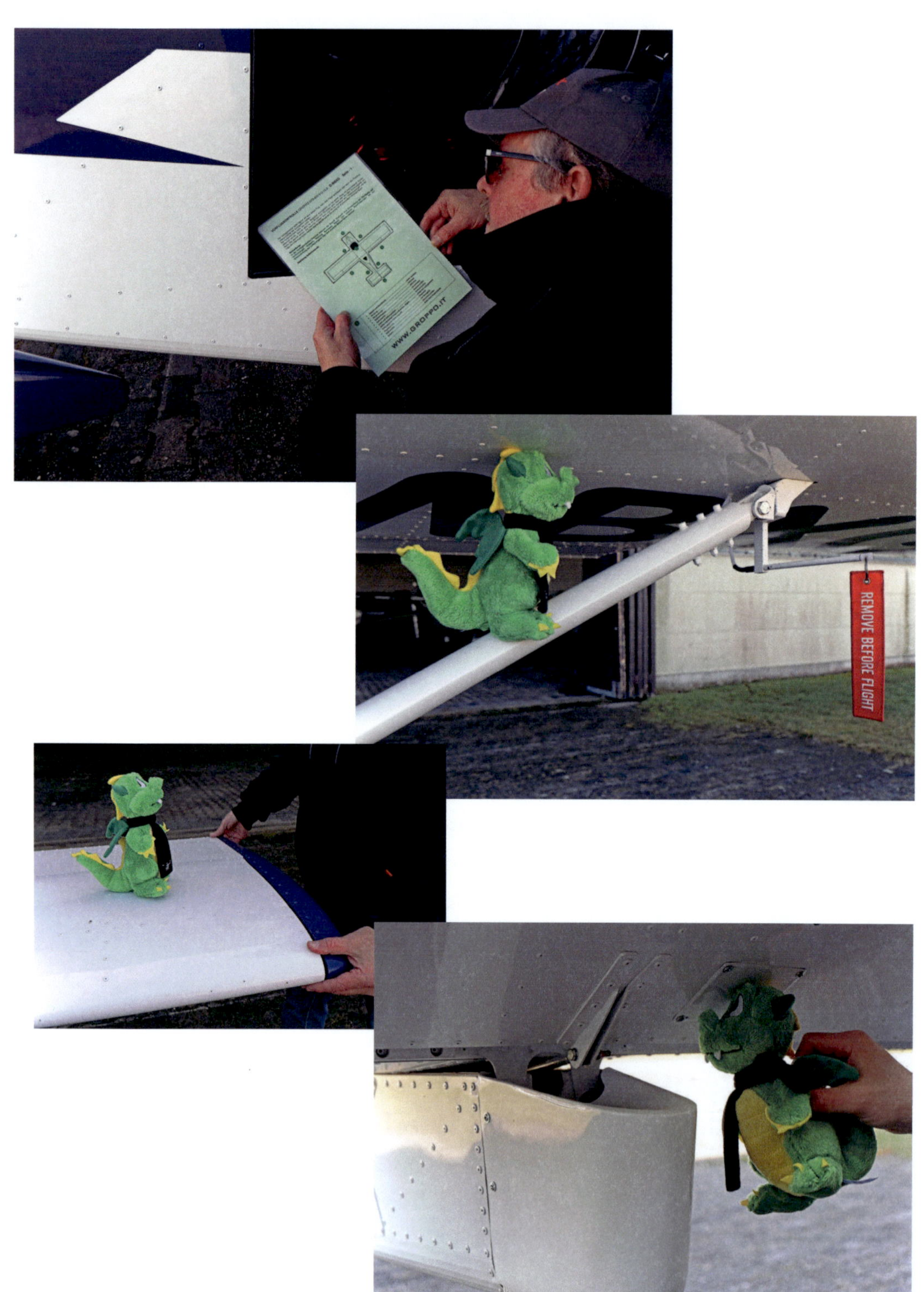

Und dann sind noch hundert weitere Sachen zu prüfen. Und damit wirklich kein Schräubchen vergessen wird, nehmen wir eine Checkliste. Da steht genau drauf, was alles zu kontrollieren ist.

An manchen Teilen ist ein roter Wimpel befestigt. „Remove Before Flight" ist englisch und bedeutet, dass alle roten Wimpel vor dem Start entfernt werden müssen. Dieser hier hängt am Staurohr. In das Staurohr soll nachher beim Flug der Wind hineinblasen. Damit wird die Fluggeschwindigkeit gemessen. Und damit in das kleine Loch vom Staurohr keine Biene hineinklettert, ist da so ein Wimpel dran. Aber jetzt müssen wir den abnehmen.

Manche Schraube ist versteckt und muss aber trotzdem kontrolliert werden. Da ist ein roter Farbklecks auf dem Gewinde. Wenn sich die Schraube einmal locker wackeln sollte, blättert die rote Farbe ab, und wir können es bei der Kontrolle sehen.

Da, wo die Tragflächen am Rumpf befestigt sind, kann man von innen in die Flügel hineinschauen. Und kann das Schauglas vom Benzintank sehen. Dabei können wir gleich überprüfen, ob genügend Benzin für unseren Flug im Tank ist. Wir wollen eine Stunde fliegen. Für eine Stunde Flug brauchen wir etwa 17 Liter Benzin. Im Schauglas sehe ich 20 Liter. Ist das genug?

Nein, denn wir müssen immer auch eine Reserve dabei haben. Wenn einmal eine dicke Wolke im Wege ist, und wir drum herum fliegen müssen. Oder falls der Gegenwind uns langsam macht. Deshalb ist eine halbe Stunde Reserve wichtig. Dafür brauchen wir noch einmal fast 9 Liter. Also müssen wir vor dem Flug noch einmal zur Tankstelle.

So, jetzt haben wir genügend Benzin dabei. Aber losfliegen können wir immer noch nicht. Wir haben eine lange Checkliste, und viele kleine und große Dinge sind noch zu prüfen. Gut, dass wir zu zweit im Flieger sind. Der Pilot liest eine Zeile der Liste vor: „Türen geschlossen und verriegelt". Alle beide prüfen, ob das wirklich so ist. Und dann ruft der Copilot „Check!". Und erst, wenn die ganze Liste abgearbeitet ist, sind wir bereit, den Motor zu starten.

MGL Avionics
RPM 2065
OILP 5.2 bar
OILT 16 °C
FLAPS
UP
AUTO
MANU
0°
15°
35°
DOWN
FLYBOX

Prop frei!

ruft der Pilot. So laut, dass es auch draußen zu hören ist. Damit alle wissen, dass wir gleich den Motor starten werden. Erst schnauft der Motor ein wenig, aber dann surren die Propellerblätter in einem unsichtbaren Kreis und machen mächtig Wind. Und wieder gibt es eine Checkliste. Ein paar Minuten müssen wir noch warten, der Motor muss erst richtig warm werden, bevor wir starten können. 50°C muss das Motorthermometer anzeigen.

Die Aufwärmzeit nutzen wir, um noch allerlei einzustellen. Die Uhr zum Beispiel muss noch aufgezogen werden. Ganz schön altmodisch, so eine Aufziehuhr, aber sie passt so gut zu unserem „ratteldifatz". Wenn man ganz leise ist, kann man sie sogar ticken hören. Aber jetzt ist der Motor viel zu laut. Auch der Höhenmesser muss noch eingestellt werden, damit er nachher die richtige Flughöhe anzeigt. Am Funkgerät ist auch noch etwas einzustellen. Und alle möglichen anderen Anzeigen und Hinweislichter sind zu „checken". Alles nach der gelben Liste.

Grün Design
D-MBXG

ROLLHALT
HOLDING POSITION

Nach ein paar Minuten können wir uns am Funk melden. Vorn am Steuerknüppel ist ein kleiner Sendeknopf. Wenn der gedrückt wird, können alle hören, was wir zu sagen haben: „Jesenwang Radio, Delta Mike Bravo Xray Golf". „Jesenwang Radio" ist der Funk-Name des Flugplatzes. Und unserem Flugleiter wollen wir ja melden, dass wir gleich einen Rundflug machen wollen. Der Rest der Meldung ist unser Funkzeichen. Ein Flugzeug hat nämlich einen „richtigen" Namen, der in großen Buchstaben auf Rumpf und Tragflächen zu lesen ist. Unser Flugzeug heißt D-MBXG. Und das wird in der Funksprache dann „Delta Mike Bravo Xray Golf" gesprochen. Meistens kürzt man das ab: „Delta Xray Golf".

So, der Motor ist warm genug, jetzt rollen wir zur Startbahn. Aber bevor es jetzt endlich in die Luft geht, muss am „Rollhalt" noch einmal gewartet werden. Wieder haben wir eine Checkliste, diesmal wird der Motor und der Steuerknüppel überprüft. Alles in Ordnung, „Delta Xray Golf - Abflugbereit an der Zwoo Fünf". „Zwoo Fünf" oder „25" ist der Name der Startpiste. Unser kleiner Flugplatz hat nur eine Startpiste. Aber an manchen Tagen heißt diese „25" und an anderen „07". Das hängt davon ab, woher gerade der Wind kommt. Kleine Flugzeuge starten immer gegen den Wind. Und wenn der Wind, so wie heute, aus dem Westen weht, starten wir nach Westen und die Piste heißt „25". Bei Ostwind wird in Richtung Osten gestartet und die Piste ist dann die „07". Und damit das niemand verwechselt, ist das mit heller Farbe auf die Piste gepinselt.

Der Pilot schiebt den Gashebel ganz nach vorn und unser Flugzeug rollt erst langsam, dann schnell und dann flitzt es die Startbahn entlang. Der Pilot ruft nacheinander: „Geschwindigkeit", „60", „80", „Steigflug" und wir sind in der Luft. Das bedeutet, dass die Instrumente die Geschwindigkeit anzeigen, bei 80 km/h sind wir abgehoben und dann steigen wir. Jetzt gibt es viel zu sehen da draußen. Der Schatten unseres Flugzeuges auf der Wiese neben dem Flugplatz. Die Straße, die sich durch den Wald schlängelt. Die kleinen Dörfer hinter dem Wald. „Delta Xray Golf verläßt die Platzrunde nach Süden" funken wir.

Erst einmal müssen wir noch ein wenig weiter in die Höhe steigen. Wir machen einen Überlandflug, so heißt es, wenn man einen Flug zu einem anderen Flugplatz oder einen großen Rundflug macht. Und für einen Überlandflug muss man wenigstens 2000 Fuß hoch fliegen. Die Flieger der Welt messen ihre Flughöhe in Fuß. Für einen Nichtflieger kann man das auch in Meter umrechnen. 600 Meter sind das. Ungefähr 3 Riesenwindräder oder 30 Kirchtürme übereinander.

„Langen Information, Delta Mike Bravo Xray Golf". Wir melden uns bei der Fluginformation. In Langen, kurz hinter Frankfurt sitzen in einem großen Büro viele Fluglotsen und beobachten auf vielen Bildschirmen, was so alles in der Luft fliegt. Große und kleine Flugzeuge, Düsenjets und Segelflugzeuge, Heißluftballons und Flugmodelle. Sogar große Vogelschwärme können sie sehen. „Squak 4453" antwortet der Lotse. Das bedeutet, wir müssen diese Ziffern am Transponder, einem kleinen Kästchen im Armaturenbrett einstellen. Dann bekommt das kleine Flugzeugsymbol auf dem Bildschirm des Lotsen eine Markierung. Der Lotse kann uns dann rufen, falls uns ein anderes Flugzeug nahe kommt.

Beobachten, das ist jetzt meine Aufgabe. Die Wolken, Wälder, Wege, Windräder, Seen und Flüsse. Und vor allem die Luft rings um uns herum. Ob ich irgendwo ein Flugzeug sehe. Pilot und Copilot müssen immer „die Augen draußen haben".

Erst einmal fliegen wir nach Süden, dort können wir die Berge schon aus der Ferne sehen. Eine ganze Menge kleine Schäfchenwolken haben sich vor den Bergen angesammelt. Aber die Gipfel schauen aus der Wolkenschicht heraus. Von hier oben sieht das wie ein wildes Wolkenmeer aus. Solange noch große Lücken zwischen den Wolken sind, können wir einfach über das Wolkenmeer hinwegsausen. Der Pilot muss aber immer genau aufpassen, den Wolken nicht zu nahe zu kommen. Warum? In den Wolken fühlt es sich an wie in einer dicken Nebelsuppe. Da kann man ein anderes Flugzeug nicht entdecken. Und man kann ganz schnell die Orientierung verlieren. Ich habe einmal versucht, mit geschlossenen Augen auf einem Bein zu stehen. Das hat überhaupt nicht gut funktioniert. Deshalb müssen kleine Flugzeuge immer einen Wolkenabstand einhalten.

Der Pilot bewegt den Steuerknüppel nach links. Die linke Tragfläche senkt sich ein wenig und wir fliegen eine große Kurve. Das Flugzeug legt sich in die Kurve. Das ist fast wie beim Fahrradfahren. Je schneller man unterwegs ist, um so mehr muss man sich in die Kurve legen. Mitten im Armaturenbrett ist die „Libelle", ein Glasröhrchen mit einer Schwarzen Kugel. Manchmal rollt die Kugel ein wenig aus ihrem Mittelkäfig heraus. Das bedeutet, dass sich das Flugzeug zu sehr oder zu wenig in die Kurve gelegt hat. Das muss ein Pilot erst lernen, später funktioniert das fast von alleine. Wie beim Fahrradfahren.

Vor uns liegt die große Stadt. Wir machen eine kleine Besichtigungsrunde. Das Gewirr von den Straßen und Gassen sieht von hier oben fast wie ein Spielzeugland aus. Der Park mit dem Spielplatz, der Marienplatz, die leere Theresienwiese. Die Fahrradfahrer und Spaziergänger kann man nur erkennen, wenn man ganz genau hinschaut. Pilot und Copilot müssen natürlich immer am Himmel nachsehen, ob andere Flugzeuge unterwegs sind. Und der Pilot muss auch noch etwas anderes im Auge haben: Wo könnte das Flugzeug notlanden, wenn irgendetwas kaputt geht? Zum Glück sind am Stadtrand Felder und Wiesen. Im Notfall wären das unsere Notlandefelder.

Ob uns jemand da unten bemerkt? Vielleicht spaziert ja ein Kind durch den Park und hört in der Luft ein leises Brummen. Wollen wir einmal mit den Tragflächen wackeln?

Nun sind wir schon fast eine halbe Stunde unterwegs. Zeit, den Heimweg anzutreten. Nur wie können wir unseren kleinen Flugplatz finden? Natürlich hat der Pilot eine Landkarte dabei, und eine elektronische Karte ist auch eingebaut. Aber ich habe eine andere Idee: Wir fliegen einfach der Autobahn entlang. Die führt uns direkt zum Ammersee. Und von dort ist die Orientierung ein Kinderspiel.

Wenig später haben wir den Ammersee gefunden. Über dem See hat sich eine Dunstschicht gebildet, aber die Dampfer an der Anlegestelle können wir gut sehen. Der Pilot zieht den Gashebel ein wenig heraus, das Summen das Motors wird etwas leiser. Auch die Flugzeugnase zeigt jetzt mehr nach unten. Wir sind im Sinkflug. Über Funk verabschieden wir uns von „Langen" und rufen wieder den Flugplatz: „Delta Mike Bravo Xray Golf – Nordspitze Ammersee in 4000 Fuss zur Landung". Jetzt wissen alle, wo wir sind, und dass wir gleich landen wollen.

Noch weiter geht der Sinkflug, bis wir nur noch ein bisschen über den Baumwipfeln sind. Wieder ist die Checkliste dran, der Pilot hat einiges einzustellen und viel zu tun. Da halte ich als Copilot am besten meinen Mund. „Stilles Cockpit" hat der Pilot dazu gesagt. Aber dann ist es soweit, die Piste liegt genau vor uns. Zuerst ist sie nur ein kleiner Punkt zwischen den Wiesen. Wie soll der Pilot diesen kleinen Landestreifen nur treffen?

Dann wird die Piste immer größer. Ich kann die „25" lesen. Und der Windsack am Tower zeigt uns auch die richtige Seite. Ein anderes Flugzeug wartet am Rollhalt, bis wir gelandet sind. Immer langsamer wird unser „ratteldifatz", der Pilot zieht den Steuerknüppel an den Bauch und die Reifen berühren die Piste. Erst die beiden Haupträder, dann das Bugrad. Ein kleines bisschen hat es geholpert, aber das verrate ich nicht.

Gleich darauf stehen wir wieder vor dem Hangar. Der Propeller steht still und der Motor ist aus. Allerlei muss jetzt ausgeschaltet und zugemacht werden. Und ich darf den roten Wimpel an das Staurohr stecken.

Schön war's, und ich hab viel ge-
sehen. Und wenn ich erst meinen
Pilotenschein habe …